INCESTE

Premier abordage:
Problèmes de
lectures.

*

Une question d'anthropologie des manifestations culturelles

© Toute reproduction intégrale ou partielle du présent ouvrage, faite par quelque procédé que ce soit, sans le consentement de l'auteur ou de ses ayants cause, est illicite et constitue une contrefaçon sanctionnée par les articles L.335-2 et suivants du Code de la propriété intellectuelle.

Malgré les analyses qui ont été faites, la question de l'inceste, en tant que tabou et en tant que problème anthropologique, demeure entier.

Nous croyons que c'est précisément sa valeur taboue assumée (consciemment ou inconsciemment, implicitement ou explicitement) qui complique grandement l'analyse de l'inceste.

Contrairement à ce qui est généralement considéré, la prohibition de l'inceste n'est pas aussi claire ou universelle: l'inceste fut courant dans l'Égypte ancienne (à la fois en ce qui concerne la dynastie des Ptoléméens et en ce qui concerne Cléopâtre qui s'est marié successivement avec chacun de ses deux frères, pour respecter le testament de son père qui voulait que le trône soit partagé entre sa fille aînée et son fils aîné), entre la royauté Inca du Pérou, à Rome (l'empereur Claude a épousé son nièce Agrippine), dans l'empire du Japon (l'empereur actuel est le premier à ne pas avoir épousé une femme de son propre sang), sur les îles Trobiand (comme le rapporte Bronislaw Malinowski dans *Les Argonautes du Pacifique occidental*, 1922), ainsi que dans la monarchie européenne.

Notre point de vue est vrai dans une telle mesure que dans les Leges Iuliae, l'inceste n'était pas vraiment puni, contrairement à l'adultère ou à l'homosexualité[1].

L'endogamie aussi est un phénomène courant dans les sociétés. Le cas exemplaire de l'Inde est connu, où le cas des Intouchables y étant paradigmatique, il est impossible de se marier en dehors de sa propre caste. En général, sont endogamiques les sociétés indienne, juive, musulmane, et également catholique et protestante avec les autres et entre ces deux-ci.

L'histoire même de Ruth dans la *Bible*: "*2: 1 Naomi avait un parent de son mari. C'était un homme puissant et riche, de la*

---

[1] Eva Cantarella, "*Una nueva disciplina para Roma - Augusto el Reformador*", *Historia - National Geographic*, No 128, 10/2014, pp. 64-65.

famille d'Élimélec, et qui se nommait Boaz."[2]
permet de comprendre comment l'endogamie a force de loi chez les peuples sémitiques, sur la base des préceptes du *Lévitique, 25, 25-55*[3]: "*25:25 Si ton frère devient pauvre et vend une portion de sa propriété, celui qui a le droit de rachat, son plus proche parent, viendra et rachètera ce qu'a vendu son frère.*", et"*25.48 il y aura pour lui le droit de rachat, après qu'il se sera vendu: un de ses frères pourra le racheter. 25.49 Son oncle, ou le fils de son oncle, ou l'un de ses proches parents, pourra le racheter; ou bien, s'il en a les ressources, il se rachètera lui-même.*" De plus, non seulement, comme ici, sur le plan économique, de réintégration du bien dans la famille, mais aussi matrimonial, comme en témoigne la question posée à Jésus dans *Luc, 20, 27-40*[4]:

" *20.27 Quelques-uns des sadducéens, qui disent qu'il n'y a point de résurrection, s'approchèrent, et posèrent à Jésus cette question:*

---

[2]https://www.info-bible.org/lsg/08.Ruth.html#2
[3]https://www.info-bible.org/lsg/03.Levitique.html#25
[4]https://www.info-bible.org/lsg/42.Luc.html#20

20.28 Maître, voici ce que Moïse nous a prescrit: Si le frère de quelqu'un meurt, ayant une femme sans avoir d'enfants, son frère épousera la femme, et suscitera une postérité à son frère.

20.29 Or, il y avait sept frères. Le premier se maria, et mourut sans enfants.

20.30 Le second et le troisième épousèrent la veuve;

20.31 il en fut de même des sept, qui moururent sans laisser d'enfants.

20.32 Enfin, la femme mourut aussi.

20.33 A la résurrection, duquel d'entre eux sera-t-elle donc la femme? Car les sept l'ont eue pour femme.

20.34 Jésus leur répondit: Les enfants de ce siècle prennent des femmes et des maris;

20.35 mais ceux qui seront trouvés dignes d'avoir part au siècle à venir et à la résurrection des morts ne prendront ni femmes ni maris.

20.36 Car ils ne pourront plus mourir, parce qu'ils seront semblables aux anges, et qu'ils seront fils de Dieu, étant fils de la résurrection.

20.37 Que les morts ressuscitent, c'est ce que Moïse a fait connaître quand, à propos du buisson, il appelle le Seigneur le Dieu d'Abraham, le Dieu d'Isaac, et le Dieu de Jacob.

20.38 Or, Dieu n'est pas Dieu des morts, mais des vivants; car pour lui tous sont vivants.

20.39 Quelques-uns des scribes, prenant la parole, dirent: Maître, tu as bien parlé.

20.40 Et ils n'osaient plus lui faire aucune question."

Le *Coran* (Sourate *An-nisa'* el [Les femmes], IV, 22-23) et la *Bible* (*Lévitique*, 18) interdisent fortement l'inceste (en outre, le

Talmud traite l'inceste avec l'idolâtrie et le meurtre), la *Genèse* elle-même fait référence à plusieurs cas d'inceste: entre le père et les filles avec les filles de Lot (*Gen.*, 19, 30-38); entre frère et sœur, avec Abraham et Sara, d'abord avec Pharaon puis avec Abimélec (*Gen.*, 12 et 20); entre le fils et la concubine du père, avec Ruben et Bilha (*Gen.*, 35, 22).

Toujours dans *2 Samuel*, 13, on trouve l'inceste entre Amnon et sa demi-sœur Tamar, fils tous deux du roi David.

Cependant, aussi bien le monde sémitique que musulman interdit le mariage avec des personnes d'une autre religion. Les nombreuses sociétés d'immigrants dans le monde se réadaptent et se marient généralement entre eux, créant ainsi un phénomène large et universel de ghettoïsation, et favorisant l'émergence de quartiers latins, chinois, français, italiens, etc., aux États-Unis. comme en France ou en Angleterre. La race est également un problème crucial de reconnaissance sociale, et, malgré l'augmentation des mariages mixtes, la relation amoureuse entre blancs et noirs est toujours mal vue par les deux parties, comme le confirme sur un ton humoristique le film *Dance Flick* (2009) des frères Wayans. Ainsi de même, le film *Obsessed* (2009, Steve Shill) est une expression purement raciste et endogamique d'un thème classique du cinéma nord-américain (l'étranger: garde d'enfant, voisin, amoureux/se de passage, qui s'immisce dans la vie d'une famille pour la détruire), car il sert à Beyoncé Knowles (actrice et productrice) pour faire comprendre que la femme noire a du pouvoir, et que personne ne peut toucher sa famille, surtout pas une fille blanche folle. Les prisons états-uniennes, où les bandes se développent par couleur de peau (blancs, noirs, latinos, chinois), ainsi que l'insistance dans les films états-uniens sur les traditions juives de leurs protagonistes, sont d'autres preuves du caractère nettement endogamique de la société humaine en général.

Par conséquent, outre l'ingéniosité des interprétations sur la prohibition de l'inceste et de l'endogamie dans toutes les sociétés, en particulier celle de Claude Lévi-Strauss qui y voit un processus de division entre nature et culture, d'association nécessaire pour créer des relations hors du groupe, et ainsi élargir les cercles d'aide et prévenir d'éventuelles guerres, théorie de l'alliance développée dans sa thèse de 1948 intitulée: *Les structures élémentaires de la parenté*, il nous semble qu'aucune évidence anthropologique ne vienne ni 1/ attester la prohibition universelle de l'inceste (nous avons déjà vu qu'au contraire, c'est un phénomène très répandu); 2/ vérifier que la prohibition de l'inceste ait une raison au-delà du tabou même, c'est-à-dire que, possiblement, le tabou de l'inceste a autant de raison d'être (là aussi, en plus des raisons génétiques que la science contemporaine nous a apportées, inconnues des anciens) comme la prohibition de manger du porc ou de boire de l'alcool pour les musulmans.

En d'autres termes, nous postulons que la prohibition de l'inceste n'a pas d'explication logique, mais doit être considérée comme l'expression d'un tabou pour aucune autre raison que, en paraphrasant Émile Durkheim concernant le crime, pour cohésionner la société autour d'une prohibition quelconque. Citons Durkheim:

"*En quoi le fait de toucher un objet tabou, un animal ou un homme impur ou consacré, de laisser s'éteindre le feu sacré, de manger de certaines viandes, de ne pas immoler sur la tombe des parents le sacrifice traditionnel, de ne pas prononcer exactement la formule rituelle, de ne pas célébrer certaines fêtes, etc., a-t-il pu jamais constituer un danger social ? On sait pourtant quelle place occupe dans le droit répressif d'une foule de peuples la réglementation du rite, de l'étiquette, du cérémonial, des pratiques religieuses. Il n'y a qu'à ouvrir le Pentateuque pour s'en convaincre, et, comme ces faits se rencontrent normalement dans certaines espèces sociales, il est impossible d'y voir de simples anomalies et des cas pathologiques que l'on a le droit de négliger.*
Cependant, on n'a pas défini le crime quand on a dit qu'il consiste dans une offense aux sentiments collectifs ; car il en est parmi ces derniers qui peuvent être offensés sans qu'il y ait crime. Ainsi, l'inceste est l'objet d'une aversion assez générale, et cependant c'est une action simplement immorale. Il en est de même des manquements à l'honneur sexuel que commet la femme en dehors de l'état de mariage, du fait d'aliéner totalement sa liberté entre les mains d'autrui ou d'accepter d'autrui une telle aliénation. Les sentiments collectifs auxquels correspond le crime doivent donc se

singulariser des autres par quelque propriété distinctive : ils doivent avoir une certaine intensité moyenne. Non seulement ils sont gravés dans toutes les consciences, mais ils y sont fortement gravés...

... Ainsi, il n'y a aucune raison d'admettre que la piété filiale moyenne ou même les formes élémentaires de la compassion pour les misères les plus apparentes soient aujourd'hui des sentiments plus superficiels que le respect de la propriété ou de l'autorité publique. Cependant, le mauvais fils et l'égoïste même le plus endurci ne sont pas traités en criminels. Il ne suffit donc pas que les sentiments soient forts, il faut qu'ils soient précis. En effet, chacun d'eux est relatif à une pratique très définie. Cette pratique peut être simple ou complexe, positive ou négative, c'est-à-dire consister dans une action ou une abstention, mais elle est toujours déterminée. Il s'agit de faire ou de ne pas faire ceci ou cela, de ne pas tuer, de ne pas blesser, de prononcer telle formule, d'accomplir tel rite, etc. Au contraire, les sentiments comme l'amour filial ou la charité sont des aspirations vagues vers des objets très généraux. Aussi les règles pénales sont-elles remarquables par leur netteté et leur précision, tandis que les règles purement morales ont généralement quelque chose de flottant.

.../...

On ne conteste pas que tout délit soit universellement réprouvé, mais on prend pour accordé que la réprobation dont il est l'objet résulte de sa délictuosité. Seulement on est ensuite fort embarrassé pour dire en quoi cette délictuosité consiste. Dans une immoralité particulièrement grave ? Je le veux ; mais c'est répondre à la question par la question et mettre un mot à la place d'un autre ; car il s'agit précisément de savoir ce que c'est que l'immoralité, et surtout cette immoralité particulière que la société réprime au moyen de peines organisées et qui constitue la criminalité. Elle ne peut évidemment venir que d'un ou plusieurs caractères communs à toutes les variétés criminologiques ; or, le seul qui satisfasse à cette condition, c'est cette opposition qu'il y a entre le crime, quel *qu'il soit, et certains sentiments collectifs. C'est donc cette opposition qui fait le crime, bien loin qu'elle en dérive. En d'autres termes, il ne faut pas dire qu'un acte froisse la conscience commune parce qu'il est criminel, mais qu'il est criminel parce qu'il froisse la conscience commune. Nous ne le réprouvons pas parce qu'il est un crime, mais il est un crime parce que nous le réprouvons."[5]*

Sur la base de ce qui précède, nous ferons les pas suivants:

1. Il n'y a aucune preuve anthropologique de l'universalité de la prohibition de l'inceste, mais tout le contraire.

2. Il n'y a pas de crime parce que l'inceste est horrible, mais l'inceste est horrible parce que nous le considérons comme un crime, donc, en inversant les postulats traditionnels, nous disons que ce n'est pas qu'il y a une prohibition de l'inceste parce que celui-ci déplaît à la conscience, mais qu'il déplaît parce qu'il est considéré comme un crime (on peut dire la même chose du cannibalisme, notons-le, et là, il ne fait aucun doute que le

[5]Émile Durkheim, *"Définitions du crime et fonction du châtiment"*, publié dans *Déviance et criminalité*, textes réunis par Denis Szabo et André Normandeau, Paris, Librairie Armand Colin, 1970, pp. 88-99.

lecteur sera plus facilement d'accord avec nous). Ce qui sous-entend que les interprétations, psychologiques, anthropologiques, qui jusqu'à aujourd'hui ont donné la raison d'une telle prohibition sont erronées, puisque, partant du fait qu'il s'agit d'un tabou, elles ont cherché une raison objective pour justifier le tabou, sans se rendre compte qu'en réalité, l'inceste est devenu tabou parce qu'une prohibition lui a été appliquée.

3. Par conséquent, sur ces bases, ce qui reste à trouver, c'est pourquoi l'inceste, bien que pratiqué couramment dans la classe royale, est interdit au peuple. La réponse est que la prohibition de l'inceste part, dans un tel contexte, d'une double restriction: d'abord envers le peuple: ce qui est licite pour le roi ne l'est pas pour le peuple; deuxièment depuis la royauté: généralement considérée comme d'origine divine, afin

de préserver cet héritage exclusif, et donc excluant, il est interdit de se marier en dehors de sa propre caste.

Ce serait alors, comme les dieux, et parce qu'ils proviennent d'eux, que les rois et les empereurs devaient se marier avec leur propre sang (par exemple, Charles Quint d'Espagne, Saint Empereur Germanique, épousa sa cousine Isabelle de Portugal). Par le fait, dans la mythologie gréco-romaine, Zeus/Jupiter a sa sœur Héra/Junon pour épouse. Theias, roi assyrien, est trompé par sa fille qui parvient à coucher avec lui pendant deux nuits, desquelles Adonis naquit (Pseudo-Apollodore, 3.14.4). Adonis est également considéré comme le fils de Cyniras (fondateur de Paphos, à Chypre) et sa fille Myrrha (Ovide, *Mét.*, 10, 297). Dans la mythologie égyptienne, la plupart des unions divines étaient incestueuses, ainsi, dans la grande Ennéade Héliopolitaine, les couples Ice-Polynean Enéada, Shou-Tefnout, Geb-

Nout, Osiris-Isis et Seth-Nephtys, tous de frères avec leurs sœurs.

Une difficulté de la théorie pourraient être le mythe d'Œdipe et les contes de fées tels que la *Peau d'Âne*[6].

Dans le cas d'Œdipe, il semble toujours qu'il y ait une valeur transcendantale dans la combinaison de la mort du père et la reconnaissance du symbole de l'homme devant la Sphinx. De fait, le péché d'Œdipe ne cause pas sa ruine mais au contraire en fait un voyant et un talisman pour la ville d'Athènes (voir *Œdipe à Colone*, ch.406-405 avant J.-C., de Sophocle, séquence de la pièce, du même auteur: *Oedipe Roi*, après 430 avant J.-C.).

Plus complexes seraient les histoires de *Peau d'Âne* et de *Cendrillon*, qui selon leurs éléments et leurs comparaisons semblent être "*deux versions différentes de la même histoire*", selon Loys Brueyre[7].

---

[6]Cf. Charles Deulin, *Les Contes de ma mère l'Oye avant Perrault*, París, Dentu, 1878, cap. 3.

[7]Loys Brueyre, *Contes populaires de la Grande-Bretagne*, Paris, Librairie Hachette et Cie, 1875, p. 45.

Cependant, nous serons frappés par le fait qu'aussi bien Peau d'Âne que Cendrillon ont en commun d'appartenir à l'aristocratie (fille du roi, et de gentilhomme), de vivre en dessous de leur classe sociale, comme des servitantes, vêtues de haillons, mais malgré leur apparence méconnaissable, d'arriver à être notée par le fils du roi, étant un objet qui, dans les deux contes, leur permettra d'être reconnue, selon la même modalité: faire essayer à toutes les femmes du royaume la bague et la chaussure, en respectant l'ordre de hiérarchie sociale, étant elles les dernières à essayer si ils leur correspondent. Ainsi, les deux contes révèlent un substrat de reconnaissance au sein d'une caste spécifique.

De fait, c'est dans la similitude que se joue le contenu des contes, ainsi qu'également celui des "*Fées*".

Cendrillon, ses demi-sœurs, la plus âgée des Fées, sont des copies conformes de leurs mères. Ainsi commence le conte de *Cendrillon*:

"*Il estoit une fois un gentil-homme qui épousa en secondes nopces une femme, la plus hautaine et la plus fiere qu'on eut jamais veuë. Elle avoit deux filles de son humeur, et qui luy ressembloient en toutes choses. Le mari avoit, de son costé, une jeune fille, mais d'une douceur et d'une bonté sans exemple: elle tenoit cela de sa mere, qui estoit la meilleure personne du monde.*"

Quant aux Fées, le conte commence sur la similitude entre l'aînée et la mère d'une part, et la plus jeune et le père de l'autre:

"*Il estoit une fois une veuve qui avoit deux filles: l'aînée luy ressembloit si fort et d'humeur et de visage que qui la voyoit voyoit la mere. Elles estoient toutes deux si desagréables et si orgueilleuses qu'on ne pouvoit vivre avec elles. La cadette, qui estoit le vray portrait de son pere pour la douceur et l'honnesteté, estoit avec cela une des plus belles filles qu'on eust sceu voir. Comme on aime naturellement son semblable, cette mere estoit folle de sa fille aînée, et, en même temps, avoit une aversion effroyable pour la cadette. Elle la faisoit manger à la cuisine et travailler sans cesse.*"

Aussi bien dans *Cendrillon* que dans *Les Fées*, la similitude entre mère et fille est à l'origine de la haine et de la jalousie qu'éprouvent la belle-mère et les demi-sœurs de la première, et la mère à l'égard de la plus jeune des *Fées*.

Le récit de Straparole (1550, Première nuit, conte IV, traduite en français en 1560), cité par Charles Deulin, comme celui de Perrault (qui, cependant, selon Deulin ne s'est pas inspiré de Straparole), raconte une histoire de ressemblance, cause de l'amour où tombe le prince de Salerne pour sa fille:

"*Thibaud, prince de Salerne, promet à sa femme mourante de ne jamais se remarier, «si l'anneau qu'elle portoit au doigt ne s'accommodoit au doigt de celle qu'il prendroit pour sa seconde femme.» Il est assez curieux que nous trouvions au début de ce conte l'anneau qui sert à dénouer celui de Perrault.*
On l'essaye en vain à beaucoup de «pucelles qui en biens et en vertus n'étoient pas inférieures au prince.» Un jour, en dînant avec lui, sa fille Doralice voit l'anneau sur la table et le met à son doigt. Comme il lui va parfaitement, Thibaud conçoit «l'étrange, et diabolique détermination de l'épouser.» La jeune fille désolée confie sa peine à sa nourrice."

Ce serait peut-être alors dans le processus de reconnaissance de soi (Œdipe tue le père pour reconnaître son statut d'homme, Peau d'Âne souffre l'amour incestueux de son père pour son identité avec la mère, jusques dans la grosseur du doigt dans le conte de Straparole) que pourrait être vu un processus de négation, semblable à ce que Engels note dans *Origine de la famille, de la propriété privée et de l'État* (1884) à propos de l'amour courtois et du roman romantique dont les principes d'amour par-dessus les raisons sociales et économiques, au lieu de mettre en évidence une divergence entre les institutions établies par la bourgeoisie et ses désirs, selon Engels, montre comment le discours est appliqué pour nier la réalité et maintenir chez le peuple la croyance à une réalité éloignée du procédé de permanence dans le pouvoir économique de la classe riche.

Tout comme alors, pour le bourgeois, il est important de promouvoir l'amour désintéressé pour pouvoir continuer à promouvoir des contre-valeurs qui servent à éviter d'avoir des adversaires dans la poursuite avide de l'argent, il est certainement important pour la noblesse 1/ de laisser les autres classes attendre un type quelconque d'intégration possible par procédure magique (qui, bien entendu, ne se produirait jamais), 2/

de propager la prohibition de l'inceste, comme quelque chose de maladif, afin qu'il demeure une pratique exclusive de sa propre classe.

Pour que les analyses de la signification de sa prohibition soient totalement sérieuses, il faudrait vérifier, en premier lieu, si les sociétés non culturelles (c'est-à-dire les animaux: singes, oiseaux) l'interdisent ou non. S'ils ne le pratiquaient vraiment pas, ce serait le signe d'un fort sentiment de prohibition au sein d'une valeur de préservation génétique, comme cela est souvent suggéré pour lui donner le sens d'une intuition dans les populations primitives et les sociétés antiques de la conscience d'une perte d'intégrité par l'endogamie. Cependant, les données anthropologiques nous donnent un sens plutôt opposé de la considération précieuse de l'endogamie, que ce soit dans les groupes groupes sociaux amples (celle de ne pas se marier en dehors de leur propre religion et de leur propre peuple, comme le promeuvent les Juifs, se considérant le peuple élu), que ce soit dans des groupes limités, de classe sociale (comme les rois et empereurs européens, qui, malgré l'affaiblissement prouvé de leur patrimoine génétique - les innombrables cas de folie ou de déficiences physiques des membres des familles royales du continent sont bien connus - continuent à valoriser leur sang à tel point que, sauf quelques exceptions célèbres, surtout au XXème siècle, de mariage avec des roturiers - dans de nombreux cas, les coupables d'une telle erreur perdirent leur droit au trône -, ne veulent pas le partager en dehors de leur caste). On voit ainsi que l'interprétation de Lévi-Strauss, qui ne laisse pas d'être ingénieuse, est peu probable, puisque la prohibition de l'inceste, au sens social (division de la caste) ne divise pas le champ culturel du naturel, mais celui des castes: le roi ou noble du roturier et de la plèbe. Ce pourquoi le XIXème siècle détesta tellement les "*nouveaux riches*". Tombent ainsi d'elles-mêmes les deux orientations traditionnelles (la génétique, d'une part, qui ne s'appuie sur aucune étude statistique réelle du comportement authentique des sociétés non culturelles; de l'autre, la lévi-straussienne, précédemment postulée par Durkheim dans *La prohibition de l'inceste et ses origines*[8], qui ne contemple pas la réalité des manifestations sociales les plus à disposition), laissant la place à notre troisième lecture.

Citons les deux derniers paragraphes du troisième chapitre du texte de Durkheim (qui, d'autre part, au début de ce même texte, critique l'idée que la prohibition de l'inceste ait une origine hygiénique, car les tendances à l'affaiblissement génétique n'étaient pas claires, mais plutôt contradictoires, pour l'homme traditionnel) sur *La prohibition de l'inceste et ses origines*:

""*Mais une raison plus décisive encore, c'est que l'exogamie ne soutient qu'un rapport médial et secondaire avec la consanguinité.*" *Sans doute, les membres d'un même clan se croient issus d'un*

---

[8]Durkheim, *La prohibition de l'inceste et ses origines*, Année sociologique, vol. I, 1896-1897, pp. 1 à 70.

même ancêtre; mais il y a une énorme part de fiction dans cette croyance. En réalité, on appartient au clan dès qu'on en porte le totem, et on peut être admis à le porter pour des raisons qui ne tiennent pas à la naissance. Le groupe se recrute presque autant par adoption que par génération. Les prisonniers faits à la guerre, s'ils ne sont pas tués, sont adoptés; très souvent même, un clan en incorpore totalement ou partiellement un autre. Tout le monde n'y est donc pas du même sang. D'ailleurs, on y compte très souvent un millier d'individus, et, dans une phratrie, plus encore. Les unions ainsi prohibées ne se nouaient donc pas entre proches parents, et par suite n'étaient pas de celles qui risquent de compromettre gravement une race. Ajoutez à cela que les mariages au dehors n'étaient pas interdits, que des femmes étaient certainement importées des tribus étrangères alors même que l'exogamie n'était pas de règle; il se produisait donc, en fait, des croisements avec des éléments étrangers, qui venaient atténuer les effets que pouvaient avoir les unions conclues entre trop proches parents. Ainsi noyés dans l'ensemble, il ne devait pas être facile de les démêler.

Inversement, "l'exogamie permet le mariage entre consanguins très rapprochés." Les enfants du frère de ma mère appartenant, sous le régime de la filiation utérine, à une autre phratrie que ma mère et que moi, je puis les épouser. Il y a plus: à partir du moment où le souvenir des liens qui unissaient entre eux les clans d'une même phratrie eut disparu et où le mariage eut lieu d'un clan à l'autre, frères et sœurs de père purent librement s'épouser. Par exemple, chez les Iroquois, un membre de la division du Loup peut très bien s'unir à une femme de la division de la Tortue, et avec une autre de la division de l'Ours. Mais alors, comme l'enfant suit la condition de la mère, les enfants de ces deux femmes ressortissent à deux clans différents: l'un est un Ours, l'autre une Tortue, et par conséquent, quoiqu'ils soient consanguins, rien ne s'oppose à ce qu'ils s'unissent. Aussi, même des peuples relativement avancés ont-ils permis le mariage entre frères et sœurs de père. Sarah, la *femme d'Abraham, était sa demi-sœur, et il est dit au livre de Samuel que Tamar eût pu épouser légalement son demi-frère Ammon. On retrouve les mêmes usages chez les Arabes, chez les Slaves du Sud qui pratiquent le mahométisme. A Athènes, une fille de Thémistocle a épousé son frère consanguin. Chez tous ces peuples, pourtant, l'inceste était abhorré; c'est donc que la réprobation dont il était l'objet ne dépendait pas de la consanguinité."*

Et les premiers de la quatrième partie:

"Il resterait à dire que l'exogamie est due à un éloignement instinctif que ressentent les hommes pour les mariages consanguins. Le sang, a-t-on souvent répété, a horreur du sang. Mais une pareille explication est un refus d'explication. Invoquer l'instinct pour rendre compte d'une croyance ou d'une pratique, sans rendre compte de l'instinct qu'on invoque, c'est poser la question, non la résoudre. C'est dire que les hommes condamnent l'inceste parce qu'il leur paraît condamnable. Comment croire d'ailleurs que cette réprobation puisse tenir à quelque état constitutif de la nature humaine en général, quand on voit sous quelles formes diverses et même contradictoires elle s'est exprimée au cours de l'histoire. La même cause ne peut expliquer pourquoi, ici, ce sont surtout les mariages de parents utérins qui sont interdits, tandis qu'ailleurs ce sont ceux de parents consanguins; pourquoi, dans une société, la prohibition s'étend à l'infini, tandis que, dans l'autre, elle ne dépasse pas les collatéraux les plus proches. Pourquoi, chez les Hébreux primitifs, chez les anciens Arabes, chez les Phéniciens, chez les Grecs. chez certains Slaves, cette aversion naturelle n'empêchait-elle pas un homme d'épouser sa sœur de père? Même, il est des cas nombreux où ce prétendu instinct disparaît complètement. Les mariages entre pères et filles, frères et sœurs, étaient fréquents chez les Mèdes, chez les Perses;

tous les auteurs de l'antiquité, Hérodote, Strabon, Quinte-Curce, sont d'accord pour dire que, chez ces derniers surtout, l'usage était général. En Égypte, même les gens du commun épousaient souvent leurs sœurs; c'était aussi la règle en Perse. On signale la même pratique dans les classes élevées du Cambodge; les écrivains grecs l'attribuaient à peu près à tous les peuples barbares d'une manière générale. Enfin, pour nous en tenir à la seule exogamie, comment rattacher à une disposition congénitale de l'individu un sentiment qui dépend d'un fait aussi éminemment social que le totémisme? L'instinct a ses racines dans l'organisme; comment une particularité organique quelconque pourrait-elle produire une aversion pour le commerce sexuel entre deux porteurs d'un même totem?

Puisque le totem est un dieu et le totémisme un culte, n'est-ce pas plutôt dans les croyances religieuses des sociétés inférieures qu'il convient d'aller chercher la cause de l'exogamie? Et en effet, nous allons montrer qu'elle n'est qu'un cas particulier d'une institution religieuse, beaucoup plus générale, qu'on retrouve à la base de toutes les religions primitives, et même, en un sens, de toutes les religions. C'est le tabou.

On appelle de ce nom un ensemble d'interdictions rituelles qui ont pour objet de prévenir les dangereux effets d'une contagion magique en empêchant tout contact entre une chose ou une catégorie de choses, où est censé résider un principe surnaturel, et d'autres qui n'ont pas ce même caractère ou qui ne l'ont pas au même degré. Les premières sont dites tabouées par rapport aux secondes. Ainsi, il est sévèrement défendu à un homme du vulgaire de toucher soit un prêtre, soit un chef, soit un instrument du culte. C'est que, en ces sujets d'élite, habite un dieu, une force tellement supérieure à celles de l'humanité, qu'un homme ordinaire ne peut s'y heurter sans en recevoir un choc redoutable; une telle puissance dépasse à ce point les siennes qu'elle ne peut se communiquer à lui sans le briser. D'autre part, elle ne peut pas ne pas se communiquer à lui dès qu'elle entre en contact avec lui; car, d'après les croyances primitives, les propriétés d'un être se propagent contagieusement, surtout quand elles sont d'une certaine intensité. Si déconcertante que puisse nous paraître cette conception, le sauvage admet sans peine que la nature des choses est capable de se diffuser et de se répandre à l'infini par voie de contage. Nous mettons quelque chose de nous-mêmes partout où nous passons; l'endroit où nous avons posé le pied, où nous avons mis la main, garde comme une partie de notre substance, qui se disperse ainsi sans pourtant s'appauvrir. Il en est du divin comme du reste. Il se répand dans tout ce qui l'approche; il est même doué d'une contagiosité supérieure à celle des propriétés purement humaines, parce qu'il a une bien plus grande puissance d'action. Seulement, il faut des vases d'élection pour contenir de telles énergies. Si elles viennent à passer dans un objet que la médiocrité de sa nature ne préparait pas à un tel rôle, elles y exerceront de véritables ravages. Le contenant, trop faible, sera détruit par son contenu. C'est pourquoi quiconque du commun a touché un être taboué, c'est-à-dire où habite quelque parcelle de divinité, se condamne de lui-même à la mort ou à des maux divers que lui infligera tôt ou tard le dieu sous l'empire duquel il est tombé. De là vient la défense d'y toucher, défense sanctionnée par des peines qui tantôt sont censées s'appliquer d'elles-mêmes au coupable par une sorte de mécanisme automatique, de réaction spontanée du dieu, tantôt lui sont appliquées par la société, si elle juge utile d'intervenir pour devancer et régulariser le cours naturel des choses.

On aperçoit le rapport qu'il y a entre ces interdictions et l'exogamie. Celle-ci consiste également dans la prohibition d'un contact: ce qu'elle défend, c'est le rapprochement sexuel entre hommes et femmes d'un même clan. Les deux sexes doivent mettre à s'éviter le même soin que le profane à fuir le sacré, et le sacré le profane; et toute infraction à la règle soulève un sentiment d'horreur qui ne diffère pas en nature de celui qui s'attache à toute violation d'un tabou. Comme quand il s'agit de tabous avérés, la sanction de cette défense est une peine qui tantôt est due à une intervention formelle de la société, mais tantôt aussi tombe d'elle-même sur la tête du coupable, par l'effet naturel des forces en jeu. Ce dernier fait surtout suffirait à démontrer la nature religieuse des sentiments qui sont à la base de l'exogamie. Elle doit donc très vraisemblablement dépendre de quelque caractère religieux dont est empreint l'un des sexes, et qui, le rendant redoutable à l'autre, fait le vide entre eux. Nous allons voir que, effectivement, les femmes sont alors investies par l'opinion d'un pouvoir isolant en quelque sorte, qui tient à distance la population masculine, non seulement pour ce qui concerne les relations sexuelles, mais dans tous les détails de l'existence journalière."

Bien que Durkheim en tire une curieuse conclusion, soutenant alors l'idée que c'est la femme elle-même, pour la répulsion par le sang, qui est tabou, ce qui devient aussi incohérent que les explications, qu'il critique antérieurement, du tabou du l'inceste comme étant causé par des processus exogamiques de viol et d'enlèvement pendant la guerre, et pour bénéficier d'un pouvoir sur une seule femme et de ne pas les partager avec le clan. En fait, à quoi ressemblera la femme taboue (arrivant dans le sixième chapitre de Durkheim à l'idée que: "*On ne peut courtiser une personne à qui on doit et qui vous doit une respectueuse affection, sans que ce dernier sentiment se corrompe ou s'évanouisse de part et d'autre*" - ce qui est bien certain dans le sens d'obéissance à la prohibition de l'inceste parental: fils-mère, neveu-tante, mais pas *obligatoirement* de *tranche d'âge*: cousin-cousine, bien que si frère-sœur, de plus cette prohibition s'étend plus spécifiquement aux relations intergénérationnelles: élève-enseignante, qu'à celles au sein d'une même classe: est courtisable la bonne fille, de bonne famille, mais pas la femme facile, donc dans ce cas précis, c'est "*la respectueuse affection*" qui prédétermine la possibilité de faire la cour -), si elle est au centre de la reconnaissance des enfants par la ligne matriarcale?, comment le sera-t-elle, si elle est le prix et le but de l'accouplement?, que celui-ci soit exogamique ou endogamique.

Même lorsque l'interprétation de la magie sympathique qu'il propose pour interpréter l'origine de la prohibition semble pertinente (dans chaque partie d'une personne se trouve l'essence immanente de son être, de sorte que le sang dans plusieurs sociétés est tabou, d'où Durkheim considère que les prohibitions liées au sang et à la femme, puisque la lignée maternelle contient le sang de l'ancêtre d'origine, provoquèrent la prohibition de l'inceste), il nous semble que ce serait plutôt quelque chose qui expliquerait et favoriserait, comme dans le cas des Juifs, cité par Durkheim, le maintien endogamique du sang *au sein du même clan et de la même tribu.*

De fait, les exemples étudiés par Durkheim dans les première et deuxième parties de son texte, généralement autraliens (peuples de New Norcia d'Australie occidentale, Kamilaroi, Kogaï, Wuaramongo) - de fait Durkheim consacrera une étude entière aux *Formes élémentaires de la vie religieuse. Le système totémique en Australie* (1912) -, à l'exception des Tlinkits d'Amérique du Nord, et repris pour une part de Lorimer Fison et A.W. Howitt[9] et Heinrich Cunow[10],

---

[9] Lorimer Fison et A.W. Howitt, *Kamilaroi* and *Kurnai: group-marriage and relationship, and marriage by elopement: drawn chiefly from the usage of the*

révèlent que les prohibitions de l'inceste *se font au sein des clans secondaires* (le terme est Durkheim) *d'un même clan,* ce qui *implique donc un processus de mariage à l'intérieur* et non hors *du clan.* (Cela est tellement ainsi que Durkheim reviendra plus spécifiquement sur le problème complexe du clan dans son article: "*Le problème du clan comme noyau primaire de la société*", 1902). La difficulté pour comprendre la prohibition de l'inceste est alors qu'elle s'applique de manière *exogamique,* dans un contexte *endogamique.* Ce qui nous permet ainsi de voir comment Durkheim en vient à l'associer à la question du sang: en effet, l'union qui se déroule *à l'intérieur du clan,* par conséquent la prohibition de l'inceste *a à voir avec l'interdiction du tabou* (comme l'explique Durkheim, il est interdit à un membre d'un "*clan secondaire*" d'épouser un autre membre

---

Australian aborigines: also the Kurnai tribe, their customs in peace and war, Melbourne, G. Robertson, 1880.
[10]Heinrich Cunow, *Die Verwandschafts-Organisationen der Australneger,* Stuttgart, J.H.W. Dietz, 1894.

du même clan, *car ils ont en commun l'ancêtre tabou,* animal ou n'importe quoi d'autre, qui les représente *et les unit* symboliquement), et donc *du même sang.*

Au contraire, concluant le chapitre VI, Durkheim fait un commentaire intéressant, qui nous semble justifier notre lecture de l'origine de l'inceste, en lui donnant une autre valeur, cette fois économique:

"Car on a trop perdu de vue les complications et les difficultés infinies au milieu desquelles l'humanité a dû se débattre pour avoir prohibé l'inceste. Il fallut d'abord que les familles s'arrangeassent pour échanger mutuellement leurs membres. Or des siècles se passèrent avant que cet échange fût devenu pacifique et régulier. Que de vendettas, que de sang versé, que de négociations laborieuses furent pendant longtemps, la conséquence de ce régime! Mais alors même qu'il fonctionna sans violence, il eut pour effet de rompre, à chaque génération, l'unité matérielle et morale de la famille, puisque les deux sexes, parvenus à la puberté, étaient obligés de se séparer, et que l'un d'eux (ce fut généralement la femme) s'en allait vivre chez des étrangers. Cette scission périodique mit notamment les sociétés en présence de cette douloureuse alternative: ou refuser à la femme toute part du patrimoine commun, et la laisser par conséquent à la charge et sous la dépendance de la famille où elle entrait; ou, si on lui accordait des droits plus ou moins étendus, la soumettre à un contrôle laborieux, à une surveillance compliquée, pour empêcher que les biens dont elle avait la jouissance pussent passer définitivement aux parents de son mari. La tutelle des agnats,

l'obligation pour la fille épiclère d'épouser son plus proche parent, la constitution du douaire, l'exhérédation pure et simple et sans garanties d'aucune sorte, avec la situation incertaine qui en résultait pour la femme, telles furent les combinaisons diverses par lesquelles on essaya de concilier ces nécessités opposées. Or toutes ces oppositions et tous ces conflits, les hommes se les seraient épargnés, s'ils ne s'étaient pas fait une loi de chercher leurs femmes en dehors de leurs parentes."

Interdire l'inceste implique la perte des biens familiaux, plus encore lorsque se perd le nom de famille parce que la femme acquiert celui du mari. Il est donc clair que le processus du mariage exogamique a, pour la société, une finalité de *non perpétuation de l'héritage,* contraire apparemment à ses propres principes, mais très compréhensible si l'on considère un autre phénomène, cité par Engels dans *Origine de la famille*: l'insistance de la société bourgeoise sur le *mariage par amour,* quand c'est ce qu'elle pratique le moins, les mariages du XIXème siècle étaient arrangés sur la base d'un gain mutuel entre la société bourgeoise, et reste encore aujourd'hui la règle générale pour les familles riches (même lorsque les magazines de société aiment présenter des princesses tombées amoureuses de leurs employés, mariages qui, en général, échouent, cas de Stéphanie de Monaco, mais permettent de perpétuer l'image des contes de fées: le prince et la pauvre jeune fille, la princesse et le crapaud).

Ainsi, si l'on suit notre lecture de la prohibition de l'inceste comme objet de tabou, que partage avec nous le grand sociologue Durkheim, on comprendra l'intérêt de l'interdire au peuple, tout en le laissant aux puissants.

Aussi difficile que cela puisse paraître au lecteur, le même processus est en vigueur en droit successoral français: si le patrimoine est transféré par héritage (ce qui n'implique pas obligatoirement den notaire, *donc n'implique pas de frais avant le décès*), non par donation, alors l'État s'attribue 25% des biens, ce qui oblige généralement ceux qui reçoivent une maison sans avoir l'argent disponible pour payer les *frais d'héritage* à vendre leur propriété. Au contraire, *qui a les moyens de payer un notaire,* et qui fait donation à ses enfants, *évite que l'État puisse se faire payer quoi que ce soit sur son bien.* Ce qui peut se résumer par le fameux dicton de la sagesse populaire: "*On ne prête qu'aux riches*".

www.ingramcontent.com/pod-product-compliance
Lightning Source LLC
Chambersburg PA
CBHW051138250726
48655CB00007B/3129